LUGAR OPORTUNO

Rolando León. (La Habana, Cuba, 1972)

Lugar oportuno
Rolando León

COLECCIÓN MONOROZA

LUGAR OPORTUNO
©Rolando León, 2021

Reservados todos los derechos de la presente edición. Ninguna parte de esta publicación puede ser reproducida, distribuida o trasmitida por ninguna forma o medio, incluyendo el fotocopiado, la grabación o cualquier otro método electrónico o mecánico, sin la autorización previa por escrito, del autor.

ISBN: 978-1-7339820-6-1

©ClassicSubversive Editions, 2021

Edición: Carmen Capdevila
Diseño: David Morales
Corrección: Alberto Sicilia
Fotografía de cubierta: Manuel Portales

Coleccion MONOROZA
ClassicSubversive Editions
classicsubversive@gmail.com

A mi esposa,
mis amigos.
A La Habana
y mis viejos fantasmas.

A mi padre
por regalarme los *Versos sencillos* de José Martí,
mi obertura palatal.

LUGAR OPORTUNO

Atareado roedor del universo
he llegado con mi voz
y muy quedo
recito hoy en tu oído.

He arribado al lugar de los encuentros,
donde el sol y el humo se hacen uno.
El lugar donde el cielo siempre abierto
se torna solución.

Rolando León

CANSADO

Como quien cabalga al son de un himno,
trompetas, viento, corcel rojo
empapado en sueños,
mi pesado cuerpo hoy regresa
desde otras tierras.
Ya las noches no son mías,
ni el canto,
las gentes que me miran
lo hacen sin querer,
mienten.
Yo me pierdo,
no las miro ni les miento.

Mi paso es ufano por el mundo,
tormenta despidiendo fuego.
El corazón en mi mente es tu recuerdo,
los barrotes del postigo donde muero,
dejando todo para que arda tu pecho.

Lugar oportuno

PROPUESTA

Se venden mariposas,
agujas de coser, sueños baratos.
Un descolorido ratón agonizante
muestra en sus dientes
la prueba del delito de Caín,
vuelco en él mis esperanzas
de tiempos por venir.
Una caja se ha quedado,
junta el polvo,
el silencio.
Generaciones caen a sus pies.
Tus pechos y mi boca,
testigos del delirio de una noche que fue
nuestra cabalgadura compartida.

Ante nosotros dictadores y tiranos.

Rolando León

LEAL

Qué calles celestiales recorrerá tu paso
bajo cuál árbol descansará tu huido cuerpo
dejado al azar por el camino.

Te vas con tu saco al hombro,
el de vestir,
no el otro
donde se guardan las quimeras.

Tu partida inaudita,
marcha obligada de todos los vivientes,
el me voy y no vuelvo,
ya no más estaré,
pero queda mi recuerdo.

Allí te has ido Eusebio,
para andar La Habana de tus sueños.
El buen Dios es quien te lleva de la mano.

PERMANENCIA

La luz que brilla entre enredaderas
habla de recuerdos
guardados en una vasija rota.
Los amigos han dejado de serlo,
a pesar de las madres
que permanecen para siempre.
Todo está oscuro, frio,
no es la muerte paseándose sentada
en el lomo de su filosa guadaña,
es el amanecer enrojecido
escapado de una luna que cambia.

Lágrimas de ayer traen un canto,
viento helado que pasma emociones
se esconde agazapado,
vacilante en el caracol de algún oído,
trae al recuerdo la escritura
de aquel Dios poeta.

Voy a nombrar las cosas, dijo,
para luego marcharse con la muerte,
arpía que irrumpe
sin que nadie la invite ni agasaje.

Rolando León

ANGEL QUE MUERE

Soy poseedor de la cabeza
más calenturienta del planeta.
Tropiezo de repente con tu alma en el camino,
yace vacía, esperando la hamburguesa
frente a Coppelia.
No has sido más que una víctima
del rock y las banderas,
de la noche pasada en pleno invierno,
pegado a la FM del radio soviético,
tratando de captar la música de algún
ideológico enemigo
capaz de hundirte en su diversionismo,
a ti, que nada sabes de palabras inventadas,
que solo fuiste hijo de un sueño,
nuevo hombre
tan cansado de ser perseguido por el viejo.

Hijo que nadie quiso,
la gente te critica, no te entiende,
no comprende el humano sentir
que va más allá del himno
al final de cada noche,
tras la última emisión del noticiero.

Eres luz para ti mismo,
sombra para otros.
Te encuentro a cada instante
en la sala, a una vuelta de esquina,
en mi espejo nublado por falta de azogue.
Te miro,
me miras,
caigo en cuenta de que podemos ser el mismo,
lo comprendo.

Lugar oportuno

De pronto te veo correr tras las palomas
como loco que avanza al precipicio,
sin siquiera pensar en el mañana.
El nuevo día no existe,
se encuentra adormecido
dentro de algún libro,
junto a las polillas.

Me asombró saber que no éramos familia,
que mi ángel moría cabizbajo dentro de mí
cuando tú te rendías a tus vicios,
yo que camino en tu busca
entre pasto y cemento,
entre cemento y trigo,
por colinas y llanos
para no encontrar nada.

SHIIIIIIIIIIIII

Tiempo,
un largo viaje recordado en silencio,
una puerta cerrada con pestillo al talento,
unos ojos que miran
ya sin luz,
sin destellos,
que en nada reparan en su andar por el viento.

Una frase escapada de una boca en silencio,
que hablara en pasado muchas frases y versos,
yace en muda presencia
ante el templo del tiempo.

LEGADO

En total desuso de mis facultades perdidas,
decido hacer mi testamento.
Dejo a los herederos
con todo gusto mi pobreza,
las enfermedades que hace años padezco,
cuídenlas bien, me ha costado trabajo mantenerlas.

Dejo el poemario lleno y vacía la despensa,
cenizas y colillas de tabaco,
pesadillas atrapadas en mi almohada.

Queda también el momento
cuando perdí mi inocencia,
el desamor, el hastío,
mis flatulencias,
un sillón de cuero en un espejo roto
donde se mece tía,
fantasma de la tarde.

Y otras tantas cosas que tengo en mis arcones.
Si a alguien le interesa,
no dude en preguntar.

TOQUE DE QUEDA

Estoy dormido junto a tu garganta,
mis parpados pesados como plomo,
mi sueño, pluma ligera,
la noche en la cama,
tu cuerpo junto a mí.

Se escucha el pregón del carbonero
que aproxima su paso por la esquina,
el perro ladra junto a la ventana.

Tu garganta todo lo traga,
la bruma, el espejismo
de un desierto sin luz ni pinceles,
tu mano que recorre tocando mi entrepierna,
esperma que se vierte.

Deseo estar despierto, pero duermo.
¡Ah!, la vida.

DESAFUERO

Quería sorprenderte y tú
escondida tras los juguetes rotos
dejados por un niño sin infancia.
Enmudecida,
tus ropas con sangre de la pasada cosecha,
tu cuerpo hecho jirones intentaba
jugar con el muñeco de cuerda.

Se abría en canal vertiendo desde dentro
la tinta con que pinto mis zapatos,
grito de furia,
reniego de toda sapiencia,
me escabullo entre la sombra
para luego encontrarme
en el halago del tirano.

Gasto mi vida en poemas,
inauguro una feria con el espanto
de los hombres,
no doy más ni a veinte o a cinco,
corro, callo.
Tú miras desde dentro mi estampida.

DESESPERO

Flor silvestre que lloras de noche
alumbrada por la luna,
escucho tu lamento,
motivo para tanta agua salada
en mis cuencos.

Grito sordomudo,
apagada infancia en loma de viento,
sombrero de guano,
ñame, cerdo,
yuca pasada de tiempo.

Falsa moneda en bolsillo rico,
vírgenes seguidas
con sangre y plomo que llega
a los vestíbulos rotos.

No hay orden entre los sobrevivientes,
solo llanto y luz de luna.

IMAGEN

Vayamos a la feria de las vanidades
donde los enanos no son sino gigantes.
Escurrimos de noche nuestros cuerpos
en las alas de una mariposa bruja,
subiendo a la cima de veladas cortinas
cuajadas de estrellas,
o tal vez son luciérnagas.
Imposible saberlo, como tampoco
sabes que pasa en la cabeza del que duerme.

Pensador de Rodin,
nada es transparente
en los brazos de una venus mutilada.

Espejismo mayor
de una vida trastocada por la noche,
hombre que pasa a tientas,
camino de ciegos,
feria, mariposas, vanidades.

Un payaso me devuelve
la imagen de mi espejo.
Gigantes que ayer fuimos.

SILUETA

Eres tú, el color de tus ojos,
tu sonrisa al inicio de la creación,
en las arenas del desierto
o entre una muchedumbre de pueblos
de lenguas confundidas.

Desde la selva profunda
donde pájaros se arrastran
y un rinoceronte vuela,
estás en el viento y el agua,
en la inmensa negrura de mi mundo interior,
habitante del zafiro.
Camina en ti el futuro acurrucado,
musa, verso y sueño.

ESPERANZA

Esta Nochebuena en los tejados de mi Habana,
los amantes miran la luna intensamente,
tal parece que la estrujan con sus ojos,
sacándole el elixir inviolable de los tiempos.

Sin ellos saberlo el astro les devuelve la mirada,
tiene envidia de los besos,
del andar tejados con pasos fluctuantes,
mirando el mundo desde tierra,
robando virtudes a doncellas.

Nochebuena,
sin embargo, no es veinticuatro de diciembre,
mas aquel que posee entre las manos el mendrugo,
que alimenta cuerpo y alma,
más que buena tiene la noche en su regazo.
Tiembla el mundo,
nace un niño que vela nuestro sueño.

Rolando León

LABERINTO

En la hierba fresca una serpiente cascabel
sonríe sarcásticamente
mientras traga todos los ratones del universo
y envenena los juguetes infantiles.

Está la noche muy negra
parece efecto del ladrón
que se robó la luna,
o culpa del grillo de siete colores
que apareció muerto encima de mi almohada.

Imposible saber por qué en las tardes insípidas
los leones destrozan la tristeza con sus garras.
Esto se pregunta un viejo mercenario
usando su pipa de sueños,
cuando alguien viene a contarle de una niña
que ha quemado su muñeca de trapo.

Un pájaro canta sobre todas las cosas,
ya Midas se entretiene transformando
en oro cada piedra.
No se sabe a fin de cuentas qué sucede,
si es Midas quien canta encima de la rama.

Un lobo de patas plateadas
devorando las coles del huerto vecino,
un vecino en el huerto devorando lobos
en medio de las coles.

Hay espasmos de miedo en la cama vacía,
el escaparate lleno de excéntricas cucarachas.
Todas las cosas buscan a su desaparecido dueño,

Lugar oportuno

quien partió hace mucho en busca de esperanza
y encontró una serpiente que se come los ratones,
envenena los juguetes.

Rolando León

ELEGIA A LA RUTA 195

En el metálico infierno de la ruta 195
desgajo mi incomodidad,
se expande con ondas radioactivas
junto a un endiablado olor a monte perpetuo.

Pobre Sócrates, su muerte,
víctima de la cicuta.
Dichosa declaro su suerte de morir envenenado,
peor hubiera sido para él
viajar por solo diez minutos en esta
diabólica guagua.

La gente se divierte hasta casi dolerle la gandinga,
se burlan de una bruja sin escoba,
transformada en simple vieja atormentada
por la eternidad de las edades.

Con perdón de la academia
de la lengua española aquí adjunto
el significado de la palabra guagua para mí:
Tribulación de pecados desahuciados
dentro de un ataúd diabólico y metálico,
donde te apretuja la pelvis de una gorda.

TRASPATIO

Cuando pienso en Alicia
deseo perseguir conejos,
entre relojes atrasados y barajas sin cabeza
que se devoran, acompañan el té
los días festivos de no cumpleaños.

Alicia, su cuarto repleto de afiches,
Beatles descoloridos colgantes,
desafiantes de un tiempo que no pasa
dentro de cuatro paredes y una isla.

Minutos de esqueletos y pirámides en cintos,
pulsos, disfraz de sábado nocturno invertido entre amigos,
ropa negra, maquillaje, alcohol, pastillas,
escapada de casa sin querer regresar.
Sabe que la esperan la nevera vacía
y un socialismo impoluto en el televisor.

El deseo de volar bien lejos,
desaparecer en la distancia,
entre olas o nubes.
Cuando piensa, la musa de poeta
explota en mil palabras,
desborda los balcones,
se hace ola gigante o nube
que, anegando la casa de cultura,
lo asalta y lo apresura.

UN TIGRE EN LA CASUCHA

Salgo a buscar estrellas
fuera de mi mundo interior.
Mi casa y una sala llena de muebles
cubiertos de polvo,
no dejan de clamar por el viejo plumero desaparecido
en el pozo sin fondo de lo absurdo.

Pasos cansados de andar
con zapatos de hierba fina repletos de guijarros,
pedazos de rocas lunares lanzadas
por el más excéntrico astronauta
que sueña el espacio sin haber
abandonado este planeta jamás,
su suelo natal o perinatal,
si estuviéramos hablando de nacimientos,
casi siempre ficticios que terminan en muerte.

Una larga selva, animales que montan en patines
rompiendo flores del jardín de una casucha
donde habita el fantasma de Lezama
sentado en el lomo de un tigre de tres metros
que salta una cerca, lleva una vaca en la boca.

Lo veo y me siento junto a él,
mientras nos acecha un periodista.

CAPITAL EN PERIODO ESPECIAL

Paseo por una ciudad de comercios cerrados
esquivando montones de escombros
y pensando.

La vida se pierde en estos callejones
donde los gatos curiosos
observan las vitrinas
llenas del vacío.
La nada es reina de la oferta.

La Habana es una vieja triste que recuenta
una pensión de miseria
y sabe que no le alcanza
para el pan diario.

UTOPÍA

Yo pisaré las calles, destruiré la muerte,
rasgaré en pedazos la fría brisa
de los atardeceres de otoño,
iré bajo la lluvia desandando caminos
tan largos como cortos.

Visitaré lugares buscando esconder
secretos a la vista
de curiosos extraterrestres.

Venderé mañanas en cartuchos plateados
que despierten los sueños
dormidos en mi cama.

Como quien quita grillos o come mariposas
en jardines repletos de hojalata,
deshaciendo la sombra del tirano,
para pisar la muerte en nombre del profeta
y ser a fin de cuentas desahogo.

SIN NOMBRE

Al llegar la parca no dio cuentas a nadie,
no habló de besos,
recuerdos de sábados pasados
que se gastaron hasta el último verso.

Vino sin preguntar qué fiesta de diez pesos
se estaba celebrando en algún oscuro rincón
de la ciudad,
no se quitó las botas ni se deshizo de su rojo vestido.

En la gaveta se amontonan las pastillas,
boleto de algún viaje sin sombrero,
con el bolsillo roto,
el secreto de la vida aún por destilar.

No hubo árbol sembrado, libro escrito,
pequeño que llorara en una cuna.
Nadie pensó dejar para siempre este planeta,
regado de amigos y de sueños.

HOLA, AMOR

Te propongo un baño,
juntos nuestros cuerpos,
quedas nuestras almas
envueltas en jabón.

Para salir después
a un vino entre poemas.
Tu luz,
mi luz.
Es la luz nuestra única ciudad,
la que habitamos.

Que no llegue la noche
ni el impávido ladrón
nos despierte
al saquear nuestro cuarto.

Saber que somos uno,
que hablamos al viento con voz propia,
como aquella mañana de verano
en que te dije,
hola.

LICUADO

En casa de Jacinto Benavente
las paredes perdían pintura
a causa de la lluvia.
Isla húmeda,
todo lo pudre.

Nada es siempre,
le decía a su reflejo
a la hora del aseo,
esperando un sueño que no vino
a pesar del enero repetido.
¡Ya no más!
papeles, lápices, cartillas,
manuales.

Qué mensaje leer
luego de haber aprendido
como mentir
para tal vez mañana
largar el sueño en pesca milagrosa,
sumarse a multitudes,
perderse a la vista,
terminar suplicante
justo frente al barquero
¡ya no más!

HASTÍO

El mundo se hizo añicos,
quedó bajo los pies una mañana
cuando la suerte entretenida
miraba a los paseantes.

¿Qué será de la vida?, me preguntas,
cual vórtice veloz,
¿debe tragarse el sueño?
El canto que se escapa de tus labios
es mi imagen huyendo del espejo.

Ya no más el vecino gemir
del Cristo que muere dentro,
despojos del cielo caen ante mí.
Miro en derredor,
solo quedan harapos,
el juguete abandonado
y un niño que se pierde.

CUBANO

Llevo salitre dentro del alma,
isla grande,
cuerpo de ondas,
sargazos por cabellos
y la cabeza trastocada.

Humana figura recorriendo
el aguado interior,
rocas y peces por tribuna,
cayos, piel curtida,
¿será acaso mi historia?

No soy sino mañana,
sal, bote, arena fina
nacida del caribe,
canto y viento.

MÍA

Estoy ante tu puerta,
su añejo roble impide verte,
tu vida transcurre detrás,
cuatro paredes guardan tu figura.

Imagino cada noche que me piensas
dueño de ti, la nada entre mis manos,
sudor, fiebre,
amanecer de espanto,
alma inquieta y atormentada.

Entre la bruma cuentas
días, pétalos, garbanzos,
tu piel se vuelve llagas,
menudos tus zapatos.

Niñez arrebatada,
consejera del llanto.
¡¿Hasta cuándo Yurienys?!,
¡¿hasta cuándo?!

AÑORANZA

En una esquina sentado
oigo silbar el viento
haciendo mío el canto,
Heredia de estos tiempos.

Poeta de otras tierras,
en las mías, centeno,
obrero, campesino,
soldado en desacuerdo.

Viendo llorar la madre
y sonreír a un viejo
me paso esta mañana,
pensativo, sediento.
Tan cerca del Caribe
que casi puedo olerlo,
tan pegado a su espuma
pero a la vez tan lejos.

Veo volar un ave.

Escuchan mis oídos
el retumbar del trueno,
mi patria en la distancia
y dentro de mi cuerpo.

Rolando León

MOTIVOS

Hay algo que odio siempre.
Es el rechazo.

REGALO

Como nada tengo,
me robo la noche
y sus estrellas.
En el cuarto vecino
oigo cantar la nana
para un niño perdido.

El juguete olvidado,
los caballos dormidos.
El respirar profundo
de tu pecho y el mío.

Te regalo el minuto,
mi frazada, mi sopa,
mi cárcel, la alegría
de quedarme contigo.

OTRA TIERRA

Letargo,
cae la noche,
ciudad de sombras, divisiones.
Ricos, pobres,
una misma luna para todos
mientras nos agachamos.
Tú, que conoces mi pasado,
has visto mi llegar desde lejos.

Tierra extraña pisando mis talones,
maleta llena,
sueño peregrino.

Abolengo,
sacerdote español,
misa en latín.
Un alcalde resucita ante mis ojos.

Esta noche miro
correr el silencio tras de ti.
La lluvia canta
estas llagas en mis pies
que no sanaron nunca.
Sin boleto de avión,
llegaste pronto.

TU Y YO SOLOS

Amor, no pretendo robarte tiempo,
las palabras se enredan en mi lengua.
Siempre he sido mejor para las letras,
al hablar quedo liado en verborrea.

Quiero que sepas, prestaré mi oído
gustoso al canto dulce,
también al llanto que sale de tu pecho
para formar las olas de mi océano.

Tú y yo,
el mar violento,
luz, brocado, arena fina,
viajero condenado a sufrir
penas y disgustos.

Tú, que la vida te arrancas
para con ella darme alivio.
Yo, cómplice,
dueño del trueno,
el bosque y la espesura.
Nosotros,
canto de fuego,
lluvia feroz, pacífica mañana,
ave que vuela remontando el tiempo,
un alma que siempre busca el sur.

Rolando León

YOVANA

Cuando te vi correr tras las palomas
en aquella plaza de Valencia,
estertores de miedo
nadaban en mis venas.

Te alejabas con paso veloz,
el pecho henchido,
aliento jadeante.
Yo mirándote quedo
tranquilo como un tronco.

Volabas el cielo con tu canto de enero,
candor de novia nueva,
gitana de mi sueño.
El viento tu senda,
ese violento azul que guarda
tu estampa marcada
por siempre tras las nubes.

Tú volando,
yo en la tierra.

NANA A LA NIÑA DORMIDA

Tu niña duerme,
a través del espacio
escucho suspiros.
La cara de un ángel luce
entre el lienzo y el lino.

Muy bella tu niña
en mi nido.
De brillantes estrellas
le hiciera un vestido.

Una reina es tu niña
y su reino es el mío.

Rolando León

SILBIDO ENTRE LAS HOJAS

Ya no existe el bohío,
el susurro del viento
en los arbustos
se ha esfumado.

No veo ya el río
cuyo cauce me brindó
los peces de la infancia.
Marchose todo por sus aguas,
junto al dulce recuerdo de mi madre.

¿No es la muerte acaso el abandono
cuando solos quedamos en la vida?
¿No es la vida solo acaso que la muerte
abandona el llevarnos pese a todo?

NOCHE Y ESTRELLA

Oh noche,
tus estrellas engalanan el firmamento,
negrura bestial que atesora
una luna fugaz, sin ropajes.

Vas cayendo de a poco,
la mañana avanza saludando
al sol tras las colinas de mi casa
y encuentra lo que amo,
mi esperanza.

Ya no queda, por más que lo resguarde
el secreto que tu canto me confiara,
al oscuro pabellón mi vida parte,
a tu manto que me sirve de morada.

CON SUEÑO

Derecho a ser un bobo en mi porfía,
luz que muere, astro itinerante,
alimento de peces,
carcoma voraz de la madera,
un fauno en el jardín de tu inocencia.

Brocado, guayabera, viento suave,
voz de abuelo que se pierde
en el recuerdo,
que será ya de mi vida diferente.
Sábana que arropa
a un idealista que dejó ayer su sueño
en el centeno.

Ha de llover por encima del mundo
y me resguardo en el bolsillo de tu blusa.
Se me antoja que es tu imagen la fragancia
que esta noche dará paso a nuestra luna.

A BROSELIANDA

La muerte lleva tu risa sonora,
y vamos a escuchar a tu fantasma.

No importó en escena tu alma grande,
para el dragón siempre en acecho.

Te fuiste dejando a tus amigos
sin saber qué hacer.
¿Qué hará la gran pantalla sino llorar tu ausencia,
Broselianda?

DESTELLO

Fuego voraz del cielo que bajando
cargó de llanto la natura entera,
grito feroz en estertor que, andando,
robó con saña hoy la primavera.

¿Dónde estará mi amor la vez primera
el canto alado, un gorrión, la espuma?
¿En qué lugar tu risa que me espera?,
¿dónde querida, el almohadón de pluma?

Voz que canta, mendigos que reclaman,
siento que toco el cielo con mi mano
sin escuchar las voces que me aclaman.
Parto veloz en busca de lo humano.

No alcanza el tiempo, ya me voy de prisa,
siento que marcho hacia lo profundo
llevándome conmigo tu sonrisa.
La vida es corta y un suspiro el mundo.

DÍA NUBLADO

¿Qué cantar si no poseo el viento?
víctima de un sueño vacilante,
¿dónde estará mi bien?

Ante mí, tus pasos se pierden,
no encuentro el eterno y ligero sacrificio,
nuestra historia conjunta se hace añicos
condenada a vagar.

El hecho sagrado, compartir un café,
momento de explosiones de amor,
el alma llena
y el bolsillo vacío para siempre.

Nuestra piel cambiante con el clima,
arrugado yo, de viejo,
tú, de frio.
¿Con qué cuento mi vida
si te marchas?

Un suplicio de ahogado desvarío.

Por eso antes de hablar
hago silencio.

DERECHO

Tengo derecho al diálogo,
al cansancio después de una jornada,
derecho al silencio,
a no hablar aún al costo de enmudecer para siempre.

Tengo derecho a no ser molestado,
a cerrar las ventanas de mi tálamo secreto
y que los buitres o las palomas
no irrumpan en mi estancia
en medio del sosiego.

Derecho a caminar por inhóspitos parajes
rompiendo mis zapatos,
acumulando barro del sendero
hasta confundirme en populoso sitio
entre los ómnibus o la inmensa muchedumbre.

Tengo derecho a construir con mis libros
mis propias decisiones,
a franquear el paso a los amigos,
a repartir mi pan y quedarme en medio de la nada,
sentado en la quieta contemplación de lo invisible.
Tengo derecho al mar, al rio, a la tormenta
de un feroz verano o a la ventisca del silente invierno.
Tengo derecho al cielo, al hambre, al alimento,
a mucho, a todo y, por si fuera poco,
además de derecho, tengo izquierdo.

ÍNDICE

Lugar oportuno / 1

Cansado / 2

Propuesta / 3

Leal / 4

Permanencia / 5

Angel que muere / 6

Shiiiiiiiiiiiii / 8

Legado / 9

Toque de queda / 10

Desafuero / 11

Desespero / 12

Imagen / 13

Silueta / 14

Esperanza / 15

Laberinto / 16

Elegia a la ruta 195 / 18

Traspatio / 19

Un tigre en la casucha / 20

Capital en periodo especial / 21

Utopía / 2

Sin nombre / 23

Hola, amor / 24

Licuado / 25

Hastío / 26

Cubano / 27

Mía / 28

Añoranza / 29

Motivos / 30

Regalo / 31

Otra tierra / 32

Tu y yo solos / 33

Yovana / 34

Nana a la niña dormida / 35

Silbido entre las hojas / 36

Noche y estrella / 37

Con sueño / 38

A broselianda / 39

Destello / 40

Día nublado / 41

Derecho / 42

www.ingramcontent.com/pod-product-compliance
Lightning Source LLC
Chambersburg PA
CBHW022342040426
42449CB00006B/673